Compiègne

V

NOTICE

DES

TABLEAUX

PLACÉS

DANS LES APPARTEMENS

DU PALAIS ROYAL

DE COMPIÈGNE.

PARIS,

VINCHON, Fils et Successeur de Mme. Ve. BALLARD,
IMPRIMEUR DES MUSÉES ROYAUX,
Rue J. J. Rousseau, No. 8.

1832.

NOTICE

Des Tableaux placés dans les Appartemens du palais royal de Compiègne.

PEINTURES.

COYPEL (Noël-Nicolas).

1. — L'hiver : Éole déchaînant les vents et les frimas.

OUDRY (Jean-Baptiste).

2. — Chasse au loup.

3. — Chasse au sanglier.

MIGNARD (Pierre).

4. — Allégorie : Neptune faisant hommage d'une couronne à Louis XV.

LANDON.

5. — Paul et Virginie.

ALONZO-COELLO-SANCHEZ.

6. — Portrait à mi-corps de dona Juana, reine de Portugal.

M. STEUBEN.

7. — Mercure endormant Argus.

HUGTENBURG (Jean-Van).

8. — Vue d'une ville de guerre, avec les apprêts d'un siége.

Elle est traversée par une rivière.

BOURDON (Sébast.).

9. — Portrait à mi-corps du père de l'auteur

M. BERTIN (Édouard).

10. — Paysage.

M. RÉGNIER.

11. — Williams-Wallace.

Sous les habits d'un Barde écossais, il s'introduit dans le château de Durham pour y conférer avec Robert Bruce, retenu prisonnier par Édouard Ier., roi d'Angleterre.

HONTHORST (Guillaume).

12. — Portrait de femme avec une guitare.

RYSBRACK (Pierre).

13. — Oiseau pêcheur et poissons.

CHARDIN (Jean-Baptiste-Siméon).

14. — Fruits sur une table auprès de laquelle est un chien.

HONTHORST (Guillaume).

15. — Portrait de femme avec une guitare.

RYSBRACK (Pierre).

16. — Oiseaux morts, cygne et poissons.

VINCENT (François-André).

17. — Henri IV faisant entrer des vivres dans Paris pendant le siége qu'il fait de cette ville.

Mme. BENOIST (Marie-Guillelmine, née LEROULX DE LA VILLE).

18. — La tireuse de cartes.

M. CHABORD.

19. La mort de Turenne.

VINCENT (François-André).

20. — Henri IV chez le meûnier Michau, à Lieursaint.

M. LANGLOIS (J.-M.)

21. Cassandre.

Elle implore la vengeance de Minerve sur Ajax, qui l'avait outragé.

BOURGEOIS (Constant).

22. Derniers momens du maréchal Lannes, duc de Montebello, tué à la bataille d'Esling.

Mme. BENOIST (Marie-Guillelmine, née LEROULX DE LA VILLE).

23. — La lecture de la Bible.

VOUET (Simon).

24. — Portrait de l'auteur.

PANNINI (Gio-Paolo).

25. — Ruines vues au clair de lune.

LE BRUN (Charles).

26. — Portrait de Louis Testelin, peintre.

M. DESCAMPS (Jean-Baptiste).

27. — Une femme cauchoise avec son enfant.

DYCK (VAN, imitation de).

28. — Portrait du cardinal-infant.

HUE père (J.-F.).

29. — Paysage; effet de soleil.

MIGNARD (Pierre).

30. — Portrait de femme vue à mi-corps, costume du temps de Louis XIV.

CARRACCI (école de).

31. — Saint Hubert dans un paysage; son cheval blanc paît devant lui.

Inconnu. (École française.)

32. — Portrait de Françoise de Savoie, reine de Portugal.

BRIL (Paul).

33. — Paysage; saint Jean dans le désert.

MIGNARD (Pierre).

34. — Portrait en buste de Colbert.

HUE père (J.-F.).

35. — Ruines d'un aqueduc.

VOLAIRE.

36. — Marine : sur le devant, des pêcheurs; à gauche, une tour.

37. — Marine; effet de lune.

Inconnu. (École flamande.)

38. — Choc de cavalerie.

Inconnu. (Ecole française.)

39. — Portrait de femme vêtue d'une robe jaune et d'un manteau.

DUBOST (A.).

40. — Sujet pastoral; jeune femme écrivant sur l'écorce d'un arbre.

Inconnu. (École française.)

41. — Portrait de la princesse de Galles.

GRIFFIER (Jean).

42. — Vue des bords du Rhin.

Inconnu. (École française.)

43. — Portrait d'Anne de Gonzague, princesse Palatine.

GRIFFIER (Jean).

44. — Vue des bords du Rhin.

Inconnu. (École française.)

45. — Portrait de Marie-Anne d'Autriche, reine d'Espagne.

LÉONARD DE VINCI.

46. — Sainte-Famille.

M. GUÉRIN (Paulin).

47. — Caïn fugitif après le meurtre d'Abel.

M. DROLLING (fils).

48. — Orphée perdant Eurydice.

Inconnu. (École française.)

49. — Portrait de Molière.

CANALETTI (Antonio CANAL, dit).

50. — Vue de Venise.

Inconnu. (École française.)

51. — Portrait de Boileau Despréaux.

CANALETTI (Antonio CANAL, dit).

52. — Vue de Venise.

M. HENNEQUIN.

53. — Bataille des Pyramides (1798).

Inconnu. (École française.)

54. — Portrait de Sébastien Leclerc, académicien.

CANALETTI (Antonio CANAL, dit).

55. — Vue de Venise.

Inconnu. (École française.)

56. — Portrait de Racine.

CANALETTI (Antonio CANAL, dit).

57. — Vue de Venise.

FETI (Dominico).

58. — Paysan, la tête couverte d'un chapeau rond, buvant à même un bocal.

VADDER (Louis DE).

59. — Paysage arrosé par une rivière.

FETI (Dominico).

60. — Soldat à mi-corps, armé et tenant une pique.

SABLÉ (Jacob).

61. — Paysage orné de figures et de frascatanes.

Inconnu. (Ecole française.)

62. — Vautour et canards.

Inconnu. (École flamande.)

63. — Concert d'oiseaux.

DESPORTES (François).

64. — Deux chiens dans un paysage.
65. — Id. Id.

Inconnu. (École française.)

66. — Plan de Compiègne.
67. — Portrait d'Érasme écrivant sur des tablettes.
68. — Portrait de Raphaël et de son maître d'armes; d'après Raphaël.
69. — Plan de la forêt de Compiègne.

VANLOO (Louis-Michel).

70. — Portrait à mi-corps de N.-H. Tardieu, graveur, mort en 1749.

Inconnu. (École française.)

71. — Portrait d'Euler.

JOUBERT.

72. — Portrait en pied de Fehtali-schah, empereur persan.

Inconnu.

73. — Portrait de Sélim III, empereur turc

TAUNAY (Nicolas-Antoine).

74. — Prise du château de Cossaria, défendu par le général Provera, après la bataille de Montenotte, par l'armée française.

M. MULARD.

75. — Le général Bonaparte fait présent d'un sabre au chef militaire de la ville d'Alexandrie, en Égypte.

Pénétré de reconnaissance pour le vainqueur, ce chef le reçoit à genoux, en jurant sur sa tête de ne s'en servir que pour la cause des Français.

M. VERNET (Horace).

76. — Joseph Vernet attaché au mât d'un vaisseau pendant un orage.

M. MULARD.

77. — Napoléon reçoit, au quartier-général de Finkenstein, Mirza, député vers lui par le Sophi de Perse en qualité d'ambassadeur.

LALLEMAND.

78. — Portrait de M. Dumetz, académicien.

CHAMPAIGNE (Ph. DE).

79. — Portrait, vu jusqu'aux genoux, du cardinal de Richelieu.

LETHIÈRE (Guillon).

80. — Paysage historique; chasse de Didon.

M. DROLLING (fils).

81. — La Prudence

MAYER (Mlle.).

82. — Le rêve du bonheur.

M. DROLLING (fils).

83. — La Force.

BEAUGARD-THIL.

84. — Le départ de Tobie.

M. THÉVENIN

85. — Reddition d'Ulm; sur le devant on voit Napoléon.

M. DELAVAL.

86. — La Justice.

CASTIGLIONE (Gio-Benedetto, dit IL GRECHETTO).

87, — Une femme portant un vase sur sa tête; un vieillard et un barbaresque coîffé d'un turban et tenant un plat de cuivre.

M. DELAVAL.

88. — La Force.

CASTIGLIONE (Gio-Benedetto, dit IL GRECHETTO).

89. — Au milieu d'une basse-cour, on voit une femme portant un vase de cuivre, et un âne chargé d'instrumens de cuisine.

Inconnu.

90. — La Visitation de la Vierge, d'après Sébastien del Piombo.

TIERCE.

91. — Paysage; vue d'Italie.

BELLANGÉ.

92. — Vase rempli de fleurs; sur le devant, des fruits et des raisins.

M. VANDAEL.

93. — Tableau de fleurs.

DEMACHY.

94. — Fragment d'architecture.

PILLEMENT.

95. — Paysage.

EMACHY.

96 — Fragment d'architecture.

ILLEMENT.

97. — Paysage.

ROMAIN-DELARUE.

98. — Paysage avec une porte de ville.

M. BIDAULT.

99. — Paysage historique ; vue de la fontaine de Vaucluse.

SUBLEYRAS (Pierre).

100. — La fable du faucon.

M. FLEURY (Léon).

101. — Vue du Vésuve, prise du môle de Naples ; étude.

102. — Costume de Sonnine, campagne de Rome ; étude.

103. — Étude.

DESPORTES (François).

104. — Zerbine, chienne de Louis XV.

COYPEL (Charles-Antoine).

105. — Sujet tiré de l'histoire de Don-Quichotte.

MIGNARD (Pierre).

106. — Trois muses.

COYPEL (Charles-Antoine).

107.
108.
109.
110.
111.
112.
113.
114. } Sujets tirés de l'histoire de Don-Quichotte.
115.
116.
117.
118.
119.
120.
121.
122.

MIGNARD (Pierre).

123. — Deux muses.

COYPEL (Charles-Antoine).

124. — Sujet tiré de l'histoire de Don-Quichotte.

DESPORTES (François).

125. — Pompée et Florissant, chiennes de Louis XV.

COYPEL (Charles-Antoine).

126. — Sujet tiré de l'histoire de Don-Quichotte.

LOIR (attribué à).

127. — Un Amour; près de lui est un chien sur un coussin.

COYPEL (Charles-Antoine).

128. — Sujet tiré de l'histoire de Don-Quichotte.

LOIR attribué à).

129. — Un Amour caressant deux paons.

COYPEL (Charles-Antoine).

130. — Sujet tiré de l'histoire de Don-Quichotte.

LOIR (attribué à).

131. — Un Amour avec des attributs de chasse.

COYPEL (Charles-Antoine).

132. — Sujet tiré de l'histoire de Don-Quichotte.

LOIR (attribué à).

133. — Un Amour à genoux sur un bouclier.

COYPEL (Charles-Antoine).

134. — Sujet tiré de l'histoire de Don-Quichotte.

RYSBRACK (Pierre).

135. — Chasse au cerf.

OUDRY (Jean-Baptiste).

136. — Combat de coqs.

RYSBRACK (Pierre).

137. — Chasse au loup.

DESPORTES (François).

138. — Lise, chienne de Louis XV, tenant en arrêt deuxf aisans.

139. — Lièvres parmi une grande quantité d'oiseaux de plusieurs espèces.

140. — Gibier gardé par des chiens.

141. — Polydore, chienne de Louis XV.

PERRIER (Guillaume).

142. — Orphée devant Pluton.

HÉDA.

143. — Tableau de nature morte.

DESPORTES (François).

144. — Blanche, chienne de Louis XV.

ROBERT (Hubert).

145. — Ruines; on y voit une colonnade.

146. — Paysage représentant une cascade.

147. — Ruines; sur le devant un pont.

148. — Ruines ; on y voit un portique.

149. — Ruines ; sur le devant un escalier.

150. — Paysage ; sur le second plan on remarque un jet d'eau.

OUDRY (Jean-Baptiste).

151. — Vue d'une ferme où l'on voit plusieurs moutons.

MARATTA (Carlo).

152. — Portrait en buste de Le Nôtre, architecte, dessinateur des jardins de Louis XIV.

Inconnu.

153. — Saint Georges terrassant un monstre; d'après Rubens.

M. DELABERGE.

154. — Vue d'un bourg de Normandie.

Inconnu.

155. — Portrait d'homme, connu sous le nom de *Porte-Drapeau*; d'après Rembrandt.

RUBENS (Pierre-Paul).

156. — Retour de Diane, de la Chasse.

M. WATELET.

157. — Saint Jérôme dans le désert.

DESPORTES (François).

158. — Chevrette morte attachée à un arbre et gardée par des chiens.

159. — Daim pris par des chiens.

MIGNARD (Pierre).

160. — Portrait d'une jeune princesse tenant des fleurs.

Inconnu.

161. — Vue d'un arc de triomphe à Rome.

DESPORTES (François).

162. — Zette, chienne de Louis XV.

Inconnu.

163. Débarquement de Cléopâtre; d'après Claude Lorrain.

ON (Georges VAN).

64. — Légumes et fruits.

le devant, un singe tient du raisin dans sa patte.

M. MARLET.

165. — Raphaël dans son atelier.

Il montre au pape Léon X, entouré de sa cour, le tableau de la Sainte-Famille, destiné à François Ier. On remarque dans cette composition le portraits de plusieurs grands peintres, hommes de lettres et autres personnages illustres de ce temps.

BOUCK (VAN).

166. — Chasseur en repos; près de lui un chien gardant du gibier.

SON (Georges VAN).

167. — Viande de boucherie.

Un chat s'avance pour prendre un gigot; un chien s'approche pour l'en empêcher.

DESPORTES (François).

168. — Gibier gardé par des chiens.

169. — Mitte et Turlu, chiennes de Louis XV.

Inconnu.

170. — Vue d'un port de mer au soleil couchant; d'après Claude Lorrain.

DESPORTES (François).

171. — Gibier gardé par des chiens.

M. DUNOUY.

172. — Vue de la ville de Népi, dans la Sabine.

EERFULD.

173. — Marine, au soleil couchant.

FRANCANZONE.

174. — Un enfant.

TITIEN (attribué au).

175. — Portrait d'homme vêtu de noir.

CHÉRON.

176. — Jeune homme refusant de sacrifier à Jupiter.

ROMANELLI (Gio-Francesco).

177. — Moïse vengeant les filles de Jethro.

178. — Femmes cherchant à saisir des oiseaux, ou le passage des cailles en Égypte.

LANCRET.

179. — L'Hiver. Des patineurs et des jeux sur la glace.

180. — L'Automne. La vendange et repas de vendangeurs.

181. — Le Printemps. De jeunes filles tenant des fleurs.

182. — L'Été. La moisson et une danse villageoise.

LUCATELLI (Andrea).

183. — Paysage.

184. — *idem.*

BECK (Van).

185. — Combat naval.

186. — Mer houleuse.

Inconnu. (École flamande.)

187. — Paysage.

Sur le devant, un homme conduit une charette attelée d'un cheval blanc.

MYTENS (Joachim).

188. — Famille de Charles Ier, roi d'Angleterre.

SMIT.

189. — Une tempête sur mer.

VANLOO (César).

190. — Paysage avec figures et animaux.

191. — *idem* *idem*.

DEMACHY.

192. — Fragment d'architecture.

JOUBERT.

193. — Dieu apparaît à Adam et Eve après leur désobéissance; gouache.
(*Genèse*, chap. 3.)

194. — Moïse défend les filles de Jethro; *idem*.
(*Exode*, chap. 2.)

195. — Sacrifice par Abraham de son fils Isaac; *idem*.
(*Genèse*, chap. 22.)

196. — Enoch invoque le nom de Dieu; *idem*.
(*Genèse*, chap. 4.)

197. — Gédéon divise les 300 soldats en trois bandes; *idem*.
(chap. 7.)

198. — Défaite des Cananéens; *idem*.
(*Nombres*, chap. 21.)

199. — Déguisement de Thamar; *idem*.
(*Genèse*, chap. 38.)

200. — Caïn maudit de Dieu; *idem*.
(*Genèse*, chap. 4.)

201. — La colonne de feu devant le tabernacle; *idem*.
(*Exode*, chap. 30.)

202. — Coré, d'Athon et Abimès; *idem*.
(*Nombres*, chap. 16.)

203. — Mort de Joseph; *idem*.
(*Genèse*, chap. 50.)

204. — Moïse montre les tables de la loi au peuple ; gouache.

(*Exode*, chap. 34.)

205. — Jacob dresse un autel et sacrifie à Dieu ; *idem.*

(*Genèse*, chap. 31.)

206. — Moïse fait mettre en prison le fils d'un Égyptien qui avait blasphémé ; *idem.*

(*Lévitique*, chap. 4.)

207. — Caïn bâtit la première ville ; *idem.*

(*Genèse*, chap. 4.)

208. — Aod tue 600 Philistins avec un soc de charrue ; *idem.*

(*Liv. des Juges*, chap. 3.)

209. — Moïse trouvé sur le Nil ; *idem.*

(*Exode*, chap. 2.)

210. — La verge de Moïse changée en serpent ; *idem.*

(*Exode*, chap. 4.)

211. — Moïse consacre Aaron. *idem.*

(*Lévitique*, chap. 8.)

212. — Le passage du Jourdain ; *idem.*

(*Josué*, chap. 3.)

213. — Aaron et ses fils préparant les victimes par l'ordre de Moïse ; *idem.*

(*Lévitique*, chap. 9.)

214. — Meurtre fait par Moïse ; *idem.*

(*Exode*, chap. 2.)

215. — La sortie d'Égypte, avec le transport des ossemens de Joseph ; *idem.*

(*Exode*, chap. 13.)

216. — Dieu se déclare protecteur d'Abraham ; *idem.*

(*Genèse*, chap. 15.

217. — Le chaos. On voit le Père-Éternel séparant les élémens ; gouache.
(*Genèse*, chap. 1er.)

218. — Lutte de Jacob avec l'ange ; *idem.*
(*Genèse*, chap. 32.)

219. — La femme de Putiphar accuse Joseph ; *idem.*
(*Genèse*, chap. 39.)

220. — Dieu donne à Adam et Ève des vêtemens de peau ; *idem.*
(*Genèse*, chap. 3.)

221. — Jacob envoie en Égypte pour acheter du blé ; *idem.*
(*Genèse*, chap. 42.)

222. — Reconnaissance de Jethro et mariage de Moïse ; *idem.*
(*Exode*, chap. 2.)

223. — Retour de la colombe dans l'arche ; *idem.*
(*Genèse*, chap. 8.)

224. — Invention des tentes par Jabel ; *idem.*
(*Genèse*, chap. 4.)

225. — Josué créé chef des Juifs ; *idem.*
(*Josué*, chap. 9.)

226. — Campement des Israëlites au bord de la mer rouge ; *idem.*
(*Exode*, chap. 14.)

227. — Le buisson ardent ; *idem.*
(*Exode*, chap. 3.)

228. — Création d'Ève ; *idem.*
(*Genèse*, chap. 3.)

229. — Loth et ses deux filles ; *idem.*
(*Genèse*, chap. 19.)

230. — Départ de Benjamin pour l'Égypte ; *idem.*
(*Genèse*, chap. 43.)

231. — Josué élu capitaine général; gouache.
(*Nombres*, chap. 28.)

232. — Joseph vendu en Égypte à Putiphar; *idem.*
(*Genèse*, chap. 39.)

233. — Le Seigneur conforte Josué; *idem.*
(*Josué*, chap. 11.)

234. — La manne dans le désert; *idem.*
(*Exode*, chap. 26.)

235. — Abimelech blessé par une femme; *idem.*
(*Liv. des Juges*, chap. 9.)

236. — Départ de Moïse pour l'Égypte; *idem.*
(*Exode*, chap. 4.)

237. — Le déluge universel; *idem.*
(*Genèse*, chap. 7.)

238. — Sacrifice de Noë à la sortie de l'arche; *idem.*
(*Genèse*, chap. 8.)

239. — Détention de Siméon par Joseph; *idem.*
(*Genèse*, chap. 42.)

240. — L'ange touche la pierre qui fait feu, et s'évanouit des yeux de Gédéon; *idem.*
(*Liv. des Juges*, chap. 6.)

241. — Fabrique de l'arche de Noé; *idem.*
(*Genèse*, chap. 6.)

242. — Moïse et Aaron sortent du tabernacle; la gloire du Seigneur paraît, et le feu du ciel consume l'holocauste; *idem.*
(*Lévitique*, chap. 9.)

243. — Melchisedech offre du pain et du vin à Abraham; *idem.*
(*Genèse*, chap. 13.)

244. — Résolution de Jacob d'aller voir son fils; *idem.*
(*Genèse*, chap. 45.)

245. — Songe de Jacob ; gouache.
(*Genèse*, chap. 28.)

246. — Départ de Jacob pour l'Égypte ; *idem.*
(*Genèse*, chap. 46.)

247. — Dieu défend à Adam de manger du fruit de l'arbre de vie ; *idem.*
(*Genèse*, chap. 2.)

48. — Joseph interprète les songes de Pharaon ; *idem.*
(*Genèse*, chap. 41.)

249. — Agar et son fils Ismaël dans le désert ; *idem.*
(*Genèse*, chap. 21.)

250. — Édification de la tour de Babel par Nembrod ; *idem.*
(*Genèse*, chap. 11.)

251. — Aaron et ses fils font l'oblation du bouc ; *idem.*
(*Lévitique*, chap. 9.)

252. — Ève, trompée par le serpent, présente le fruit défendu à son époux ; *idem.*
(*Genèse*, chap. 3.)

253. — Entrevue de Moïse et de Jethro ; *idem.*
(*Exode*, chap. 15 ou 18.)

254. — Passage de la mer rouge ; *idem.*
(*Exode*, chap. 14.)

255. — Martyre de saint Étienne, d'après Annibal Carrache ; *idem.*

256. — Verges d'Aaron et des magiciens d'Égypte changées en serpens ; *idem.*
(*Exode*, chap. 7.)

257. — Assemblée des anciens du peuple pour aider Moïse ; *idem.*
(*Nombres*, chap. 11.)

258. — Joseph dîne avec ses frères ; *idem.*
(*Genèse*, chap. 43.)

LOUTHERBOURG (**Jacques-Philippe**).

259. — Choc de cavalerie.

Inconnu.

260. — Portrait du nain du roi de Pologne.

CHAVANNE.

261. — Paysage.

262. — *idem*.

Inconnu. (École française.)

263. — Enfans jouant la comédie.

M. LECOMTE (**Hippol.**).

264. — Joséphine voyageant sur les bords du lac de Garda est obligée de quitter cette route pour éviter le feu des canonniers ennemis qui tiraient sur sa voiture.

OMMEGANCK.

265. — Paysage représentant des animaux dans une prairie.

GAUTHIER (**Rodolphe**).

266. — Combat du pont de Lochinsella.

MONGIN.

267. — Fin d'une tourmente sur le mont Saint-Gothard.

BRÉE (Van).

268. — Marie Stuart au moment où on vient la chercher pour aller à la mort.

BRIL (Paul).

269. — Vue des environs de Bruxelles.

TARDIEU.

270. — L'empereur Napoléon recevant à Tilsitt S. M. la reine de Prusse.

M. LAFOND.

271. — Joséphine au milieu des enfans dont elle a soulagé les mères.

Inconnu. (École française.)

272. — Un cerf en repos.

273. — Oiseaux aquatiques.

CALLET (A.-F.)

274. — Les saturnales.

FLEMAEL (Bertholet).

275. — Alexandre au tombeau d'Achille.

COYPEL (Antoine).

276 — Jugement de Salomon.

VAROTARI.

277. — Lutte de Jacob avec l'ange.

LAGRENÉE l'aîné (Louis).

278. — Le combat terminé.

SWANEVELT (Herman, dit HERMAN D'ITALIE).

279. — Paysage ; effet de soleil couchant.

CASANOVA (François).

280. — Bataille.

281. — Choc de cavalerie.

BOURDON (Sébastien).

282. — Laban cherchant ses dieux.

GALLOCHE (Louis).

283. — Le repos d'Énée et de Didon.

284. — Énée, débarqué à Carthage, se présente devant Didon.

Inconnu.

285. — Vénus et deux Amours.

286. — Derniers momens d'un Romain.

GASPRE-POUSSIN (Gasparo-Dughet).

287. — Paysage.

On y voit des chasseurs suivis de deux lévriers.

BOURDON (Sébastien).

288. — La charité romaine.

MICHEL-ANGE (attribué à).

289. — L'incendie de Troie.

BOUCHER (François).

290. — Un berger et une bergère.

291. — Une bergère endormie.

M. HEIM.

292. — La Valeur.

293. — La vigilance militaire.

M. GRENIER.

294. — La Prudence.

PALMÉRINI.

295. — La Tempérance.

ALLEGRAIN (Etienne).

296. — Paysage avec figures et animaux.

VANDERBURCH.

297. — Paysage avec figures et animaux; effet de soleil couchant.

TARDIEU.

298. — Un jeune homme entre le Vice et la Vertu.

MIGNARD (Pierre).

299. — Allégorie : reine assise; derrière elle la Renommée.

Inconnus. (École française.)

300. — Canards au bord d'une rivière.

301. — Chiens et perdrix.

302. — Oiseau dans un paysage.

303. — Chien et faisan.

DUVIVIER.

304. — Paysage avec chute d'eau.

PERRIN (Jean-C.-N.).

305. — Aman devant Esther.

MENJAUD.

306. — François Ier. tuant un sanglier.

M. LAPITO.

307. — Vue de Pont en Royan (Dauphiné).

RUBENS (école de).

308. — Portrait d'homme en buste.

AUZOU (**M**me., née **DESMARQUETZ**).

309. — L'impératrice Marie-Louise avant son mariage.

Au moment de quitter sa famille, elle distribue des diamans aux archiducs et archiduchesses, ses frères et sœurs.

310. — Arrivée de l'impératrice Marie-Louise dans la galerie de château de Compiègne.

De jeunes filles viennent au-devant d'elle et lui présentent des fleurs.

M. DUCIS.

311. — François Ier. armé chevalier par Bayard.

COYPEL (Noël, d'après).

312. — Achille reconnu par Ulysse.

M. LAPITO.

313. — Un châlet.

PORBUS le fils (école de).

314. — Tête de femme inconnue.

FRANCK le jeune (François).

315. — Allégorie à la Fortune.

CRANACH (L.).

316. Les couches de la Vierge et la présentation.

TAVANNE.

317. — Saint Jean prêchant dans le désert.

BISCAÏNO (Bartholommeo).

318. — L'adoration des bergers.

RIZZO SANTA-CROCE.

319. — Le mariage de la Vierge.

FOSSE (Charles DE LA).

320. — La Vierge, l'Enfant-Jésus et saint Jean.

RAPHAEL (école de).

321. — La Vierge, l'Enfant-Jésus, sainte Anne, saint Jean, et dans le fond saint Joseph.

PAUL VERONÈSE (Paolo-Caliari).

322. — Jésus chez Simon le pharisien.

BECCAFUMI.

323. — Jésus au jardin des Oliviers.

LESUEUR (Eustache, d'après).

324. — Martyre de saint Laurent.

TABLE

Des artistes par ordre alphabétique et par Écoles.

ÉCOLES D'ITALIE.

ÉCOLES FLAMANDE, ALLEMANDE, ETC.

ÉCOLE FRANÇAISE ANCIENNE.

ÉCOLE FRANÇAISE MODERNE.

SCULPTURES.

PALAIS.

Statues et Groupes.

Inconnus.

Diane de la Villa-Borghèse ; statue antique en albâtre. Les mains, la tête et les pieds sont en bronze. — (*Salle du Trône.*)

Minerve tenant une chouette ; statue antique en albâtre. La tête, les mains et les pieds sont en bronze doré. — (*Même salle.*)

Moïse ; petite statue en marbre. — (*Salon des Aides-de-Camp.*)

Niobé ; groupe en marbre blanc, d'après l'antique. — (*Même Salon.*)

Papirius et sa mère ; groupe en marbre, d'après l'antique. — (*Même Salon.*)

Bustes.

Inconnus.

Caracalla ; buste en marbre, d'après l'antique. — (*Salle des Colonnes.*)

Empereur romain ; buste en marbre, d'après l'antique. — (*Même Salle.*)

Empereur romain ; buste en marbre, d'après l'antique. — (*Même Salle.*)

Femme inconnue ; buste en marbre. — (*Salle des Colonnes.*)

Femme inconnue ; buste en marbre. — (*Même Salle.*)

Hercule Commode ; buste en marbre, d'après l'antique. — (*Même Salle.*)

Un nègre ; buste en gaîne, en marbre. — (*Même Salle.*)

Idem. *Idem.* *Idem.*

Idem. *Idem.* *Idem.*

Idem. *Idem.* *Idem.*

Idem. *Idem.* *Idem.*

Idem. *Idem.* *Idem.*

Ces six bustes sont en marbre de différentes couleurs, les têtes en marbre noir et les draperies en brèche rapportée.

Personnage inconnu ; buste en marbre, d'après l'antique. — (*Même Salle.*)

Personnage romain ; buste en marbre, d'après l'antique. — (*Même Salle.*)

Objets divers.

Inconnus.

Vase en porphyre ; anses à tête de bélier. — (*Anti-Chapelle.*)

Vase en porphyre ; anses à tête de bélier. — (*Même Salle.*)

Vase en marbre ; imité de l'antique. — (*Salle à Manger du Roi.*)

Vase en marbre ; imité de l'antique. — (*Même Salle.*)

Vase en granit gris; forme cassolette. — (*Salon d'Attente de la Reine des Belges.*)

Vase en granit gris; forme cassolette. — (*Même Salon.*)

JARDIN.

Statues et Groupes.

MANSION.

Aconce; statue en marbre. — (*Dans le massif à droite, vis-à-vis une pelouse.*)

DEBAY.

Argus endormi; statue en marbre. — (*Sur la terrasse à droite.*)

LEMOINE SAINT-PAUL.

Jeune Faune et Bacchante; groupe en marbre, sur piédestal en marbre blanc. — (*Dans la grande allée, dans les massifs de gauche.*)

Inconnu.

Femme drapée; statue en marbre. — (*Au bas de la terrasse à gauche.*)

TIOLIER.

La Force asservie par l'Amour; groupe en marbre. — (*Sur la terrasse à droite.*)

SPALLA.

L'Hymen; statue en marbre, sur piédestal en vert-de-mer. — (*Dans les massifs à gauche.*)

Inconnu.

Jupiter enlevant Europe; petit groupe antique, en marbre, sur piédestal en marbre blanc veiné. — (*Sur la terrasse à gauche.*)

DEBAY.

Mercure; statue en marbre. — (*Sur la terrasse à gauche.*)

DUPATY.

Philoctète; statue en marbre. — (*Au tournant du berceau près la terrasse.*)

ESPERCIEUX.

Philoctète; statue en marbre. — (*Dans les massifs à droite sur la terrasse.*)

CHINARD.

Vénus du Capitole; statue en marbre, d'après l'antique. — (*Au bas de la terrasse à droite.*)

Bronzes.

KELLER.

Jeune Chasseur portant un faon sur ses épaules; groupe en bronze, sur piédestal en vert-de-mer. — (*En face l'escalier à droite.*)

Gladiateur combattant; statue en bronze, sur piédestal en vert-de-mer. — (*A gauche dans les massifs au milieu du jardin.*)

Jeune Homme tenant une baguette dans chaque main; statue en bronze, sur piédestal en vert-de-mer. — (*A droite dans les massifs au milieu du jardin.*)

Inconnu.

Mercure porté par les Vents; groupe en bronze, sur piédestal en vert-de-mer. — (*Dans les massifs à gauche près du berceau.*)

GRAVURES.

VANDYCK (d'après).

325. — Portrait gravé par.......
326. — Id. Id.

GAUTHEROT (d'après).

327. — Atala, gravée par Lignon.

M. GÉRARD (le baron, d'après).

328. — Les trois Ages, gravés par.......

VANDYCK (d'après).

329. — Portrait, gravé par.........
330. — Id. Id.

TITIEN (d'après).

331. — Les pélerins d'Emmaüs, gravés par........

GREUZE (d'après).

332. — L'accordée de village, gravée par Flipart.
333. — La dame de charité, gravée par Massard.

REMBRANDT (d'après).

334. — Effet de nuit, gravé par Denon.
335. — Id. Id.

GREUZE (d'après).

336. — Le gâteau des Rois, gravé par Flipart.
337. — La malédiction paternelle, gravée par Gaillard.

VILKIE (d'après).

338. — Le musicien de village, gravé par Burnet.

M. FRAGONARD (d'après).

339. — Henri IV et Sully, gravés par Geraut.

M. DUCIS (d'après).

340. — Marie Stuart, gravée par Pauquet.

SANTERRE (d'après).

341 — Susanne au bain, gravée par Porporati.

RAPHAEL (d'après).

342. — La belle Jardinière, gravée par M. le baron Desnoyers.

M. DUCIS (d'après).

343. — Le Tasse et Éléonore, gravés par Pauquet.

M. FRAGONARD (d'après).

344. — La leçon de Henri IV, gravée par Allais.

V . . . . (d'après).

345. — Les rentes, gravées par Raimbach.
346. — Colin-Maillard, Id.
347. — Les politiques, Id.

POUSSIN (d'après).

348. — Rébecca, gravée par M. le baron Desnoyers.

LEBRUN (d'après).

349. — Famille de Darius, gravée par Edling.
350. — Passage du Granique, gravé par Audran.
351. — Défaite de Porus, par le même.
352. — Bataille d'Arbelles, par le même.
353. — Porus abandonné, par le même.
354. — Entrée dans Babylone, par le même.
355. — Mort du chevalier d'Assas, par le même.

WEST (d'après).

356. — Bayard, gravé par V. Green.

Inconnu.

357. — Les pélerins d'Emmaüs, gravés par Masson.

WEST (B. d'après).

358. — Épaminondas, gravé par V. Green.

BOULONGNE (Bon, d'après).

359. — La Terre, gravée par Dupuis.
360. — L'Eau, par le même.

NORTHEOTE (d'après).

361. — Shakespeare, gravé par Robert.

SMIRKE (d'après).

362. — Shakespeare, gravé par Ogboone.

HAMILTON (d'après).

363. — Shakespeare, gravé par Simon.

BOULONGNE (Bon, d'après).

364. — Le Feu, gravé par Desplaces.
365. — L'Air, par le même.

LEPRINCE (Jean-Baptiste, d'après).

366. — Les nappes d'eau, gravées par Godefroy.

METZU (d'après).

367. — La correspondance, gravée par Watson.

BERGHEM (d'après).

368. — La Bohémienne, gravée par Laurent.

PENNY (d'après).

369. — Le goutteux, gravé par Val-Green.

CLAUDE LORRAIN (d'après).

370. — Paysage, gravé par Woolett.

BOURDON (d'après).

371. — Sujet de la Bible, gravé par......
372. — Id.
373. — Id.
374. — Id.
375. — Id.
376. — Id.

VANDERWERFF (d'après).

377. — La mort d'Abel, gravée par Porporati.

BOURDON (d'après).

378. — Sujet tiré de la Bible, gravé par......

RAPHAEL (d'après).

379. — Sainte Cécile, gravée par R. Strange.

VERNET (d'après).

380 — Vue de Naples, gravée par Lebas.
381. — Id. Id.

Inconnu.

382. — Vue du château de Chambord, gravé par Sylvestre.

383. — Les Œuvres de Miséricorde, gravées par Lebas.

BOULONGNE (Pierre, d'après).

384. — Présentation au temple, gravée par Drevet.

SOLARIO (d'après).

385. — La Vierge, gravée par Demeulemeester.

LESUEUR (d'après).

386. — Tobie, gravé par Ravenet.

SPADA (d'après).

387. — L'Enfant prodigue, gravé par Moret.

VERNET (d'après).

388. — Vue de Naples, gravée par Lebas.

RAPHAEL (d'après).

389. — Sainte-Famille, gravée par Edlinck.

BACKHUYSEN (d'après).

390. — Marine, gravée par Canot.

VANDERMEULEN (d'après).

391. — Sujet gravé par Baudoin.
392. — Vincennes, gravé par le même.

BACCHY (d'après).

393. — La bonne-aventure, gravée par Youlg.

REYNOLD (d'après).

394. — Ugolino, gravé par Dixon.

BACCHY (d'après).

395. — Sujet gravé par Youlg.

VANDERMEULEN (d'après).

396. — La Reine allant à Fontainebleau ; gravée par Bodwyns.

397 — Le Roi accompagne des dames dans la forêt ; gravé par Bodwins.

Inconnu.

398. — La présentation au Temple, gravée par ....
399. — Sujet gravé par Derigny de Hain.
400. — Sujet gravé par le même.

www.ingramcontent.com/pod-product-compliance
Ingram Content Group UK Ltd.
Pitfield, Milton Keynes, MK11 3LW, UK
UKHW012113240726
13965UKWH00004B/1750